電車の図鑑
でんしゃのずかん
1

新幹線
しん かん せん

監修・坂 正博　写真・松本正敏

電車の図鑑❶ 新幹線 もくじ

新幹線ってなに? 新幹線と在来線はここがちがう! ……………………… 4

日本の新幹線 全路線図 …………………………………………… 6

東海道新幹線
●止まる駅は?／路線のデータ …………………………………… 8
●活やくする車両❶ N700S ／●活やくする車両❷ N700A …… 9
●ここに注目! N700SとN700Aの見わけかたは? ………………… 9
●N700S 車内を探検! ……………………………………………… 10

山陽新幹線
●止まる駅は?／路線のデータ …………………………………… 12
●活やくする車両❶ N700系 ……………………………………… 13
●活やくする車両❷ 700系レールスター ……………………… 13
●ここに注目! 「○○系」ってなに? ……………………………… 13
●活やくする車両❸ 500系 ………………………………………… 14
●ここに注目! 500系は子どもたちに大人気! ………………… 14
●ロングノーズの車両たち! ……………………………………… 15

九州新幹線
●止まる駅は?／路線のデータ …………………………………… 16
●活やくする車両❶ 800系／●活やくする車両❷ 新800系 …… 17
●ここに注目! 800系・新800系の車内のくふうとは? ………… 17

西九州新幹線
●止まる駅は?／路線のデータ …………………………………… 18
●活やくする車両 N700S …………………………………………… 19
●これからどうなる? 西九州新幹線 ……………………………… 19

東北新幹線
●止まる駅は?／路線のデータ …………………………………… 20
●活やくする車両❶ E5系／●活やくする車両❷ E2系 ………… 21
●E5系のひみつをさぐろう! ……………………………………… 22

山形新幹線
●止まる駅は?／路線のデータ …………………………………… 24
●活やくする車両❶ E8系／●活やくする車両❷ E3系 ………… 25
●E8系はこんな車両! ……………………………………………… 26
●ミニ新幹線ってなに? …………………………………………… 27

秋田新幹線
- 止まる駅は？／路線のデータ …… 28
- 活やくする車両 E6系 …… 29
- ここに注目！ 連結はどうやって行う？ …… 29

北海道新幹線
- 止まる駅は？／路線のデータ …… 30
- 活やくする車両 H5系 …… 31
- 北海道新幹線のこれから …… 31

北陸新幹線
- 止まる駅は？／路線のデータ …… 32
- 活やくする車両 E7系・W7系 …… 33
- ここに注目！ すごしやすさをもとめた客室のインテリア …… 33

上越新幹線
- 止まる駅は？／路線のデータ …… 34
- 活やくする車両 E7系 …… 35
- ここに注目！ 上越新幹線の雪対策のくふうとは？ …… 35

リニア中央新幹線 …… 36
- 使用予定の車両 L0系 …… 37
- ここに注目！ リニアってなに？ …… 37

試験車両と検査車両 …… 38
- 高速試験車両 E956形 ALFA-X …… 38
- 電気・軌道総合検測車両 EAST-i …… 39
- 電気・軌道総合試験車両 ドクターイエロー …… 39

あつまれ！ 歴代のスターたち …… 40
0系／100系／300系／700系 …… 40
200系／400系／E1系／E3系／E4系 …… 41

新幹線ミニ知識 …… 42
さくいん …… 46

新幹線ってなに?

最初の新幹線0系が時速200kmで走りはじめてから60年。
年々高速化がすすみ、いまや時速320kmという時代になりました。
新幹線とは、「のぞみ」や「はやぶさ」という車両そのものをさすのではありません。
いかにはやく、安全に、快適に、多くの乗客をはこぶことができるか、
線路や設備などをふくめたそのシステム全体のことをいうのです。
ではいったい在来線とどうちがうのか、そのひみつについてかんがえてみましょう。

新幹線と在来線はここがちがう! ①

★専用の線路を走る

在来線とちがい、新幹線の線路には踏切がありません。道路やほかの鉄道などと交差するときは、かならず立体交差になっています。このように、完全に独立した線路のため、超高速で、しかも安全にかけぬけることができるのです。

さえぎるもののない東北新幹線の高架と、その手前の地上を並行して走る踏切のある在来線。

新幹線と在来線はここがちがう！ 2

★安定した車体

新幹線が高速走行できるのは、モーターの力のちがいとともに、車体が大きくどっしりしているから。レールの間隔（軌間）が在来線よりもおよそ37cm広い1,435mmもあって、カーブを曲がるときなどの安定性がまるでちがいます。

秋田新幹線で見られる新幹線と在来線が両方ともおれる区間。レールはばのちがいがこのとおり。

新幹線と在来線はここがちがう！ 3

★カーブも高速でかけぬける

在来線は地形にそって線路がしかれるため、カーブが多く、スピードが出しにくいつくりになっています。新幹線の線路は、トンネルや切りどおしなどを多くしてできるだけカーブをゆるやかにしているほか、線路をななめにしたり、空気ばねでさらに車体をかたむけるなどして、スピードを落とさずに走ることができるのです。

カーブでも車体をかたむけて速度をたもつ東海道新幹線N700A。

独立した架線の上を走る東海道新幹線N700S。

日本の新幹線 全路線図

1964年の東京オリンピック開催に合わせて登場したのが東海道新幹線。
2024年には北陸新幹線が敦賀までのび、新たな路線、西九州新幹線が開通して、新幹線は全部で10路線になりました。
日本のほこる新幹線、その全ルートを見てみましょう。

(2024年12月現在。マークは路線の主力車両をあらわしています)

西九州新幹線【JR九州】 N700S
佐賀県の武雄温泉と長崎をむすぶ路線です。九州新幹線につながる予定です。

北陸新幹線【JR東日本・西日本】 E7系・W7系
東京〜長野間の長野新幹線にはじまり、2024年に福井県の敦賀までのびました。

九州新幹線【JR九州】 新800系
福岡県の博多と鹿児島中央をむすび、九州の西側を走ります。急な上り下りのある路線です。

山陽新幹線【JR西日本】 N700系
新大阪と福岡県の博多をむすびます。東海道・九州新幹線の乗り入れが行われています。

北海道新幹線【JR北海道】
H5系

青函トンネルをぬけ、青森県と北海道をむすぶ新幹線です。

秋田新幹線【JR東日本】
E6系

岩手県の盛岡をとおり、東京と米どころの秋田県をむすんで走ります。

上越新幹線【JR東日本】
E7系

東京と新潟県をむすぶ、雪に強い新幹線です。

山形新幹線【JR東日本】
E8系

福島をとおって、東京と山形県をむすんで走る、日本ではじめてのミニ新幹線です。

東北新幹線【JR東日本】
E5系

東京と青森県をむすぶ、東北地方の主要路線です。山形・秋田・北海道新幹線とつながっています。

東海道新幹線【JR東海】
N700S

東京と名古屋や関西をむすんで走る日本の大動脈といわれる路線です。多くの観光客やビジネスマンが利用しています。

7

富士山の前をかけぬけるN700S。

東海道新幹線

1964年に、日本で最初に開通した新幹線です。東京と名古屋や関西方面をむすび、1日におよそ42万人をはこびます。新大阪〜福岡県の博多は、「のぞみ」が山陽新幹線と直通運転しています。

●路線のデータ●
- 開通した年…………1964年
- 起点▶終点…………東京▶新大阪
- 駅の数………………17駅
- 路線の長さ…………515.4km※
- 営業最高速度………時速285km
- 使用する車両………N700S・N700A ほか
- 列車の名前…………のぞみ・ひかり・こだま

※営業キロとは異なる。

止まる駅は？

 のぞみ　 ひかり　 こだま

▶（ ）は東京からの営業キロ。●は停車、◎は停車と通過あり（毎日運転している列車を中心に表示。臨時や区間運転など、一部列車をのぞく）。新大阪〜博多は山陽新幹線区間。

駅	都道府県
東京(0.0)	東京都
品川(6.8)	
新横浜(28.8)	神奈川県
小田原(83.9)	
熱海(104.6)	
三島(120.7)	
新富士(146.2)	静岡県
静岡(180.2)	
掛川(229.3)	
浜松(257.1)	
豊橋(293.6)	
三河安城(336.3)	愛知県
名古屋(366.0)	
岐阜羽島(396.3)	岐阜県
米原(445.9)	滋賀県
京都(513.6)	京都府
新大阪(552.6)	大阪府
博多(1174.9)	福岡県

活やくする車両❶
N700S

▲東海道新幹線の主力の車両で、N700Aよりさらに性能がアップしました。Sは英語で「最高の」という意味のことばの頭文字です。どの席もひじかけの下に専用の電源コンセントがつき、仕事で乗る人や旅行者にとってつかいやすい座席になっています。

活やくする車両❷
N700A

◀N700系のシリーズは、騒音をおさえる「エアロダブルウィング」という先頭の形が特ちょうです。N700Aは、2012年にN700系の改良型として登場しました。
（N700系を改良してN700Aとおなじ機能をもたせた「N700A」（「スモールA」とよばれる）も活やく中です）

ここに注目！ N700SとN700Aの見わけかたは？

N700SとN700Aはよくにていますが、下のような見た目のちがいがあります。

▲N700S（右）は、顔のところが少し角ばっていて、ライトの形もちがいます。

▲N700S（右）は、青い帯が運転席の下までのびています。

▲車両のよこにしめされているエンブレムでも見わけがつきます。

N700S 車内を探検!

N700Sは、安全性や快適な乗りごこちのために「最高の」性能をそなえた新幹線車両です。どんな特ちょうがあるか、車両のようすをくわしく見てみましょう。

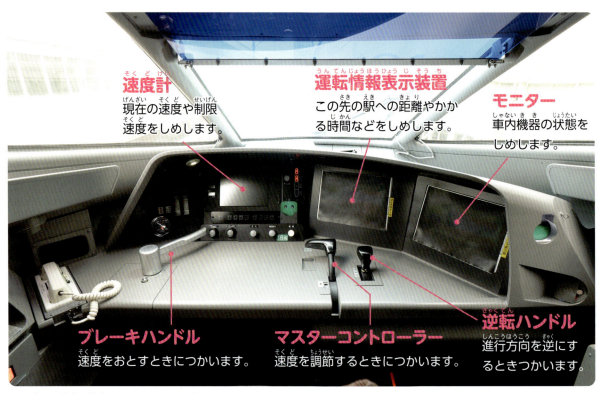

速度計
現在の速度や制限速度をしめします。

運転情報表示装置
この先の駅への距離やかかる時間などをしめします。

モニター
車内機器の状態をしめします。

ブレーキハンドル
速度をおとすときにつかいます。

マスターコントローラー
速度を調節するときにつかいます。

逆転ハンドル
進行方向を逆にするときつかいます。

● **運転席** ▲大きな窓で前方のようすがよく見え、いろいろなデータが見やすいように表示装置が配置されています。

● **パンタグラフ**
▼送電線から走行中の車内に電気をとりこむ大切な場所です。細かいパーツにわかれ、送電線に合わせてたわむため、電気をとりこむ能力がアップしています。

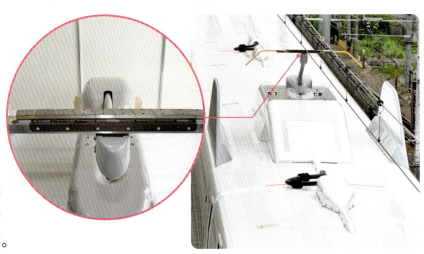

● **連結部**
▲車両と車両をつなぐ連結部が、のびちぢみするホロ（全周ホロ）でおおわれ、騒音が出るのをふせぎます。

▼トンネル内で、前の空気が後ろにながれるようす。

● 先頭の形
▲空気の抵抗をへらし、トンネルに入るときに大きな音が出ないようにくふうされたエアロダブルウィングという形です。

● 座席

◀これまでグリーン車だけだった、リクライニング（座席の背もたれをかたむけること）したときに座席面もいっしょにかたむく「シンクロナイズド・コンフォートシート」が普通席にもつかわれ、より快適な乗りごこちになっています。

▲普通席（左）とグリーン車（右）のようす。

▲普通車両のいちばん後ろの席には、特大荷物をおさめるスペースがついています。また、デッキにも予約制の特大荷物コーナーがあります。

● 車いすスペース

▲普通車両の一部に、車いすを横におくことができる専用のスペースがそなえられています。

● 多目的室と多機能トイレ

▲からだの不自由な人がつかいやすいように、ひろびろとしたつくりになっています。

新倉敷〜岡山間の高梁川をわたるN700系。

山陽新幹線

1975年に東海道新幹線からのびる形で新大阪から博多まで全線開業しました。2011年から九州新幹線との直通運転が始まり、近畿と関東、近畿と九州の両方をむすんでいます。

● 路線のデータ ●
- 開通した年………1975年(全線)
- 起点▶終点………新大阪▶博多
- 駅の数……………19駅
- 路線の長さ………553.7km※
- 営業最高速度……時速300km
- 使用する車両……N700系・500系ほか
- 列車の名前………のぞみ・ひかり・こだま・みずほ・さくら

※営業キロとは異なる。

▶( )は新大阪からの営業キロ。
🟠は停車、◎は停車と通過あり(毎日運転している列車を中心に表示。臨時や区間運転など、一部列車をのぞく)。東京〜新大阪は東海道新幹線、博多〜鹿児島中央は九州新幹線区間。使用される車両はかわる場合もある。

止まる駅は？

 のぞみ ひかり こだま みずほ さくら

東京	東京都
⋮	
新大阪 (0.0)	大阪府
新神戸 (36.9)	兵庫県
西明石 (59.7)	
姫路 (91.7)	
相生 (112.4)	
岡山 (180.3)	岡山県
新倉敷 (205.5)	
福山 (238.6)	広島県
新尾道 (258.7)	
三原 (270.2)	
東広島 (309.8)	
広島 (341.6)	
新岩国 (383.0)	山口県
徳山 (430.1)	
新山口 (474.4)	
厚狭 (509.5)	
新下関 (536.1)	
小倉 (555.1)	福岡県
博多 (622.3)	
⋮	
鹿児島中央 (911.2)	鹿児島県

活やくする車両① N700系

▲山陽新幹線と九州新幹線を直通運転する「みずほ」や「さくら」として活やくしています。全車両にモーターがつき、最高時速300kmで走るほか、九州地区の急な上り下りに対応します。8両編成で、東海道のN700系シリーズよりやや青みがかっています。

活やくする車両② 700系 レールスター

◀大阪～博多間をむすんで走っています。同じ区間をとぶ飛行機に負けないように、いろいろなくふうで車内をすごしやすくしています。

ここに注目! 「○○系」ってなに?

電車や気動車（オイルで走るディーゼル車）は、場合によって「形」とよばれたり、「系」とよばれたりします。JRの場合、「形」は単体の車両の名前につき、「系」は複数の車両がチームを組むように連結されて走るものにつきます。1両編成の気動車や、1両だけでたくさんの貨車を引っぱる電気機関車などは「○○形」、新幹線などのように同じグループの車両（○○形）が連結されて走るものを「○○系」とよびます。

（※連結された車両を「形」とよぶ私鉄もあります）

○○形気動車　　○○形電気機関車
○○系新幹線　○○形｜○○形｜○○形｜○○形｜○○形｜○○形｜○○形｜○○形

活やくする車両❸
500系

▲国内ではじめて時速300kmで営業運転された車両です。先頭車の「鼻」の部分が15mもあり、まるでジェット機のような形をしています。むかしは東海道・山陽新幹線の「のぞみ」として活やくしましたが、今は山陽新幹線「こだま」として走っています。
（500系は2027年に引退する予定で、順次N700Aに入れかわります）。

ここに注目！
500系は子どもたちに大人気！
車両の見た目のくふうや車内の特別な設備などで、500系は子どもたちに大人気です。

◀一部の編成には本物そっくりにつくられた子ども向けの運転台があり、ハンドル操作の気分が味わえます。

▲新大阪〜博多間をほぼ毎日往復している「ハローキティ新幹線」。かわいらしい外観のほか、車内もキティー色でとても人気があります。

▶2015年から2018年までは、500系による「エヴァンゲリオン新幹線」も走っていました。

ロングノーズの車両たち!

先頭車のななめになっているところを「ノーズ(鼻という意味)」といいます。ロングノーズじまんのいろいろな車両をくらべてみましょう。

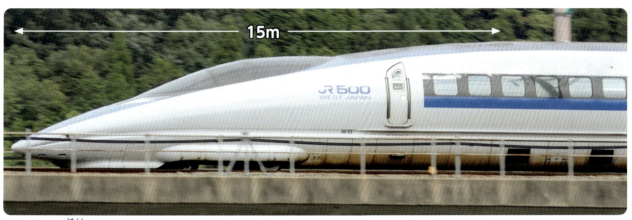

●500系　15mのノーズの中ほどに、ジェット機のような運転席があります。

●E5系・H5系
東北新幹線E5系と北海道新幹線H5系のノーズは、500系と同じおよそ15mです。

●E6系
秋田新幹線E6系のノーズはおよそ13mです。

●N700A
東海道・山陽新幹線のN700Aのノーズはおよそ9.6mです。

●E7系・W7系
北陸新幹線・上越新幹線のE7系・W7系のノーズの長さは9.1mです。

▼2019年から東北新幹線区間で試験走行をはじめた試験車両の「ALFA-X」。ノーズは前と後ろでちがい、長い方は22mもあります。

出水〜新水俣間のみかん畑をすぎる800系。

九州新幹線

2011年に博多〜鹿児島中央間で全線開業し、福岡市と九州西部のおもな都市をむすんで走っています。全国の新幹線の中でもっとも上り下りが急な区間があり、車両もそれに対応しています。

● 路線のデータ ●
- 開通した年………… 2011年(全線)
- 起点▶終点………… 博多▶鹿児島中央
- 駅の数……………… 12駅
- 路線の長さ………… 256.8km
- 営業最高速度……… 時速260km
- 使用する車両……… 新800系・800系・N700系
- 列車の名前………… つばめ・みずほ・さくら

※営業キロとは異なる。

▶( )は博多からの営業キロ。
● は停車、◎ は停車と通過あり(毎日運転している列車を中心に表示。臨時や区間運転など一部列車をのぞく)。新大阪〜博多は山陽新幹線区間。使用される車両はかわる場合もある。

止まる駅は？ つばめ みずほ さくら

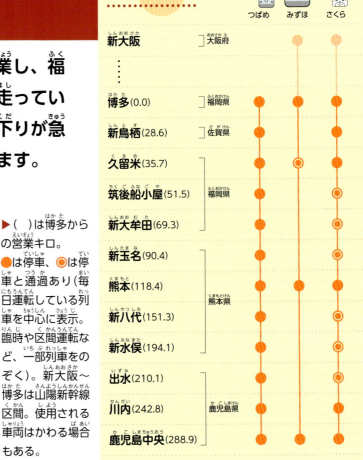

活やくする車両❶
800系

▲東海道・山陽新幹線などで活やくした700系をベースにして開発された車両で、2004年の新八代～鹿児島中央間の開業のときから活やくしています。九州新幹線の急な上り坂に対応するため、全車両にモーターがついています。

活やくする車両❷
新800系

◀800系の乗りごこちに改良をくわえて、2009年に登場しました。800系とは、車体横のラインやライトの形がちがうことで見わけがつきます。

ここに注目！ 800系・新800系の車内のくふうとは？

800系や新800系は、ゆったりとした座席や、沿線の木材などをつかった落ちついたインテリアが特ちょうのひとつになっています。

▲800系と新800系の普通車。2席＋2席でゆったりとしてまるでグリーン車のよう。

▲客室のブラインドなども木でできていて、和風のふんいきがあります。

新大村〜嬉野温泉間。大村湾の前を走るN700S。

西九州新幹線

もっとも新しい新幹線の路線です。博多と長崎をむすぶ九州新幹線・西九州ルートのうち、武雄温泉〜長崎間が2022年に先に開業しました。武雄温泉駅で、新幹線と乗りかえのための特急電車が同じホームで対面する方式になっています。

● 路線のデータ ●
- 開通した年………2022年
- 起点▶終点………武雄温泉▶長崎
- 駅の数……………5駅
- 路線の長さ………66km※
- 営業最高速度……時速260km
- 使用する車両……N700S
- 列車の名前………かもめ

※営業キロとは異なる。

止まる駅は？ かもめ

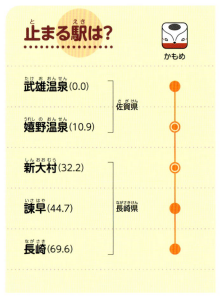

武雄温泉(0.0) 〕佐賀県
嬉野温泉(10.9)
新大村(32.2)
諫早(44.7) 〕長崎県
長崎(69.6)

◀( )は武雄温泉からの営業キロ。●は停車、◎は停車と通過あり（毎日運転している列車を中心に表示。臨時や区間運転など、一部列車をのぞく）。特急リレーかもめが博多〜武雄温泉間で運行されている。

活やくする車両 N700S

▲西九州新幹線用に開発されたN700Sです。自由席車と指定席車が3両ずつで構成された6両編成で走り、グリーン車はもうけられていません。全車両にモーターがついていて、最高時速260kmを出すことができます。車体下のエンジ色はJR九州のカラーです。

これからどうなる？ 西九州新幹線

西九州新幹線は武雄温泉〜長崎を先に開業し、現在は武雄温泉駅で、武雄温泉〜博多間を走る特急列車（リレーかもめ）に乗りかえる形になっています。これからもっと便利な路線にするために、国や自治体とJR九州の話し合いがもたれています。

「リレーかもめ」として787系（左上）や885系（左下）の特急列車がつかわれています。

いわて沼宮内〜二戸間。岩手山をバックに青森をめざすE5系。

東北新幹線

多くのビジネスマンや観光客を乗せ、東京と東北地方をむすぶ東日本の主要路線です。東京〜新青森間をおよそ3時間で走ります。北陸・上越・山形・秋田新幹線が枝分かれします。

● 路線のデータ ●
- 開通した年………2010年（全線）
- 起点▶終点………東京▶新青森
- 駅の数……………23駅
- 路線の長さ………674.9km※
- 営業最高速度……時速320km
- 使用する車両……E5系・E2系
- 列車の名前………はやぶさ・やまびこ・なすの・はやて

※営業キロとは異なる。

▶ ( )は東京からの営業キロ。
は停車、は停車と通過あり（毎日運転している列車を中心に表示。臨時や区間運転など、一部列車をのぞく）。使用される車両はかわる場合もある。

止まる駅は？

活やくする車両❶ E5系

▲東北新幹線の主力車両で、国内最速の時速320kmで走ります。トンネルでの騒音をふせぐため、先頭車両が日本一の15mのロングノーズになっています。上部の緑は「常磐グリーン」、下部の白は「飛雲ホワイト」、帯のピンクは「はやてピンク」とよばれています。

活やくする車両❷ E2系

▲E5系が登場するまで、東北新幹線の主力として活やくしてきました。最高時速は275kmで、走行中の振動をおさえる最新技術が新幹線ではじめてつかわれ、この技術はE5系にも受けつがれています。窓が大きく、まわりの景色がよく見えて快適な車両です。

E5系のひみつをさぐろう！

時速320kmという超高速で走るE5系。速く安全に、しかも静かに快適に走るためのくふうがいろいろとされています。車内のひみつをさぐってみましょう。

● 運転席　▲大きな窓でひろびろとした室内に、速度やいろいろな数値がしめされる3台の表示装置がならんでいます。

● パンタグラフ

▲走行中に送電線から電気をとりこむのがパンタグラフ。T字型のシンプルな構造で、両側をおおうカバーで騒音をおさえています。E5系は2基のパンタグラフのうち、1基だけをつかって走ります。

● 連結部

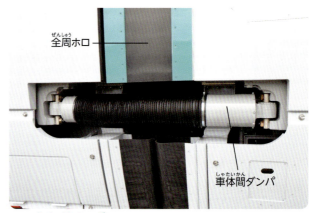

▲車両のつなぎ目は、特別な素材でできた「全周ホロ」でおおって騒音が出ないくふうをしています。また「車体間ダンパ」が横ゆれを吸収して、乗りごこちをよくしています。

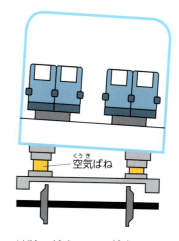

▲片方の空気ばねに空気をおくりこんで車体をかたむかせ、横ゆれせずに走ることができる。

● 車体傾斜装置　▲時速320km走行のとき、カーブでスピードを落とさずに走ることができるように、車体を1.5度かたむけることができます。

● 座席

▶「グランクラス」とよばれる、横2席＋1席（1車両にわずか18席）という電動リクライニングつきのゆったりとした席をはじめて導入しました。専任のアテンダント（係員）が飲みものなどのサービスをします。

◀グランクラスの座席には、1座席にひとつ読書灯がついているほか、ボタンひとつでアテンダントをよぶことができる。

▲普通席（左）とグリーン車（右）のようす。

高畠駅近くの田園風景をゆくE8系。

山形新幹線

東京と山形県の新庄を直通でむすぶ路線です。東京～福島間で東北新幹線に乗り入れし、福島～新庄間で在来線の線路を走ります。在来線のトンネルなどをつかうため、車体が小さくできています。

● 路線のデータ ●
- 開通した年………1999年(全線)
- 起点▶終点………福島▶新庄
- 駅の数……………11駅
- 路線の長さ………148.6km ※1
- 営業最高速度……時速300km(130km) ※2
- 使用する車両……E8系・E3系
- 列車の名前………つばさ

※1 営業キロとは異なる。 ※2 在来線区間。

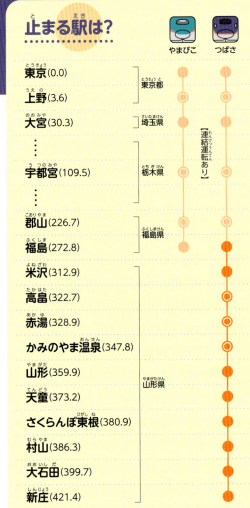

止まる駅は? やまびこ／つばさ

▶( )は東京からの営業キロ。
●は停車、◎は停車と通過あり(毎日運転している列車を中心に表示。臨時や区間運転など、一部列車をのぞく)。東京～福島は東北新幹線区間で、やまびことの連結運転あり。

東京	(0.0)	東京都
上野	(3.6)	
大宮	(30.3)	埼玉県
宇都宮	(109.5)	栃木県
郡山	(226.7)	福島県
福島	(272.8)	
米沢	(312.9)	山形県
高畠	(322.7)	
赤湯	(328.9)	
かみのやま温泉	(347.8)	
山形	(359.9)	
天童	(373.2)	
さくらんぼ東根	(380.9)	
村山	(386.3)	
大石田	(399.7)	
新庄	(421.4)	

活やくする車両❶ E8系

▲2024年3月にデビューした山形新幹線「つばさ」の新車両です。東北新幹線E5系と連結運転しますが、高速運転できる区間がかぎられるため、最高時速は300kmに設定されています。車体の色は、上部が「おしどりパープル」、帯が「紅花イエロー」とよばれています。

活やくする車両❷ E3系

▲在来線を走るために車体を小さくした「ミニ新幹線」として山形・秋田新幹線で長く活やくしてきた車両です。現在は山形新幹線で写真の2000番台がのこっています。車体のメインカラー「おしどりパープル」がE8系に引きつがれています。

E8系はこんな車両！

山形新幹線で25年ぶりに登場した新型車両がE8系です。どんな車両なのか、車内の一部を見てみましょう。

● 先頭車

◀空気の抵抗を小さくするために「アローライン」という形を取り入れ、騒音や振動をおさえています。また下の部分には、つもった雪をはねのけるための「スノープラウ」をつけています。

▲在来線で見とおしのきかない踏切をとおるため、運転席が高い位置についている。

● 座席

▼普通車の座席は、沿線で栽培されるベニバナ、中央通路は沿線をながれる最上川をイメージしてつくられています。全席に電源のコンセントがついているほか、各車両に大型の荷物置き場がそなえられています。

▲全席のひじかけ下にコンセントがつく。

▲スーツケースが置ける大型の荷物置き場が各車両にそなえられている。

ミニ新幹線ってなに?

ふつうのサイズの新幹線を「フル規格新幹線」というのに対し、山形新幹線や秋田新幹線は「ミニ新幹線」とよばれています。在来線のトンネルや駅のホームなどの大きさにそろえ、車体のはばや高さ、車両の長さを小さくしているのです。
(レールはばはふつうの新幹線と同じです)

●フル規格新幹線とミニ新幹線のサイズのちがい

			横はば
N700系	先頭車 27.35m	中間車 25m	3.36m
E8系	先頭車 23.075m	中間車 20.5m	在来線のトンネルをとおることができる 2.945m

▶在来線の奥羽本線の踏切を通過する山形新幹線のE3系「つばさ」。

▲在来線の奥羽本線のトンネルをぬける山形新幹線のE8系「つばさ」。

▲ミニ新幹線は、新幹線のホームでは逆に横はばが足りないためにホームとの間にすきまができてしまう。このため、乗客の乗りおりのときに、危険のないようにステップが出てくる。写真は秋田新幹線のE6系「こまち」。

雫石〜盛岡間。雪をまとった岩手山を背景に走るE6系。

秋田新幹線

山形新幹線につづくミニ新幹線として、1997年に東京〜秋田間で運転をはじめました。東京〜盛岡間は東北新幹線に乗り入れ、盛岡〜秋田間は在来線の田沢湖線、奥羽本線を走ります。

● 路線のデータ ●
- 開通した年…………1997年
- 起点▶終点…………盛岡▶秋田
- 駅の数………………6駅
- 路線の長さ…………127.3km ※1
- 営業最高速度………時速320km（130km）※2
- 使用する車両………E6系
- 列車の名前…………こまち

※1 営業キロとは異なる。※2 在来線区間。

▶（ ）は東京からの営業キロ。
●は停車、◎は停車と通過あり（毎日運転している列車を中心に表示。臨時や区間運転など、一部列車をのぞく）。東京〜盛岡は東北新幹線区間で、はやぶさと連結運転あり。

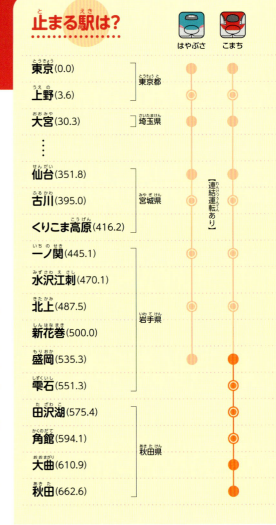

止まる駅は？ はやぶさ こまち

駅		
東京(0.0)	東京都	
上野(3.6)		
大宮(30.3)	埼玉県	
…		
仙台(351.8)		
古川(395.0)	宮城県	
くりこま高原(416.2)		
一ノ関(445.1)		
水沢江刺(470.1)		
北上(487.5)	岩手県	
新花巻(500.0)		
盛岡(535.3)		
雫石(551.3)		
田沢湖(575.4)		
角館(594.1)	秋田県	
大曲(610.9)		
秋田(662.6)		

活やくする車両 E6系

▲秋田新幹線「こまち」として活やくしています。在来線区間を走ることができるミニ新幹線で、乗り入れる東北新幹線区間では最高時速320kmで走ります。また東北新幹線E5系とは、時速320kmの連結運転ができる最速コンビです。

ここに注目！ 連結はどうやって行う？

秋田新幹線は、盛岡駅で、東北新幹線E5系と秋田新幹線E6系の連結や切りはなし作業が見られます。連結すると車両どうしだけでなく、電気系統も同時につながるので、先頭の運転席からすべての車両がコントロールできるようになります。

▲E6系の連結部のとびら。ボタンひとつで開閉が行われる。

▲時速320kmの最速コンビ。どちらかが引っぱるのではなく、連結されることで全体がひとつの編成になって力強く走る。

連結のようす

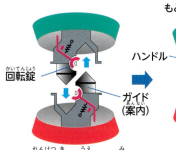

▲連結器を上から見たところ。ガイド（案内）がおたがいの回転錠をおしながら、すきまに入っていく。

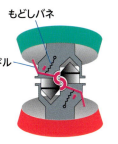

▲ガイドが入ると回転錠がおされてまわり、ハンドルについたもどしバネがのびる。

▲おたがいの回転錠が合体して固定され、もどしバネが強い力でもとの位置までもどってがっしりとつなぐ。

新青森を出て一路北海道をめざすH5系。

北海道新幹線

世界でもっとも長い海底トンネル、青函トンネルをとおり、新青森と北海道の新函館北斗間をむすぶ路線です。2016年に開業し、東京と新函館北斗を最速3時間57分で走ります。

●路線のデータ●

- ●開通した年…………2016年
- ●起点▶終点…………新青森▶新函館北斗
- ●駅の数………………4駅
- ●路線の長さ…………148.8km※
- ●営業最高速度………時速260km
- ●使用する車両………H5系・E5系
- ●列車の名前…………はやぶさ・はやて

※営業キロとは異なる。

▶( )は東京からの営業キロ。
●は停車、◉は停車と通過あり（毎日運転している列車を中心に表示。臨時や区間運転など、一部列車をのぞく）。東京〜新青森は東北新幹線区間。

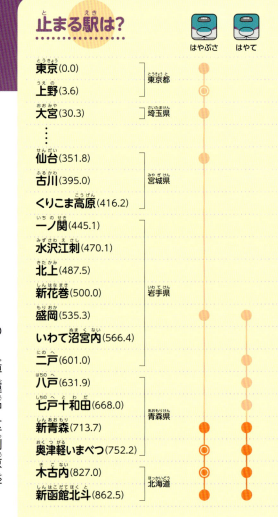

止まる駅は？ はやぶさ／はやて

駅	都道府県
東京(0.0)	東京都
上野(3.6)	
大宮(30.3)	埼玉県
仙台(351.8)	
古川(395.0)	宮城県
くりこま高原(416.2)	
一ノ関(445.1)	
水沢江刺(470.1)	
北上(487.5)	
新花巻(500.0)	岩手県
盛岡(535.3)	
いわて沼宮内(566.4)	
二戸(601.0)	
八戸(631.9)	
七戸十和田(668.0)	
新青森(713.7)	青森県
奥津軽いまべつ(752.2)	
木古内(827.0)	北海道
新函館北斗(862.5)	

▲H5系の車体につく北海道をかたどったエンブレム。

活やくする車両 H5系

▲北海道新幹線の主力の車両で、東北新幹線のE5系をベースにして開発されました。北海道新幹線区間の最高時速は260kmですが、盛岡より南の区間では時速320kmで走ります。E5系は帯がピンク色ですが、こちらはラベンダーを思わせる明るい紫色になっています。

北海道新幹線のこれから

現在、新青森〜新函館北斗間を走る北海道新幹線は、2030年を目標に札幌までのびる予定になっています。将来的には旭川までのびる計画もあります。

北海道新幹線 今後の予定と計画

▲全長53.85kmの青函トンネルをぬけて新青森をめざすH5系。

▲新函館北斗駅。現在、もっとも北にある新幹線駅になっている。

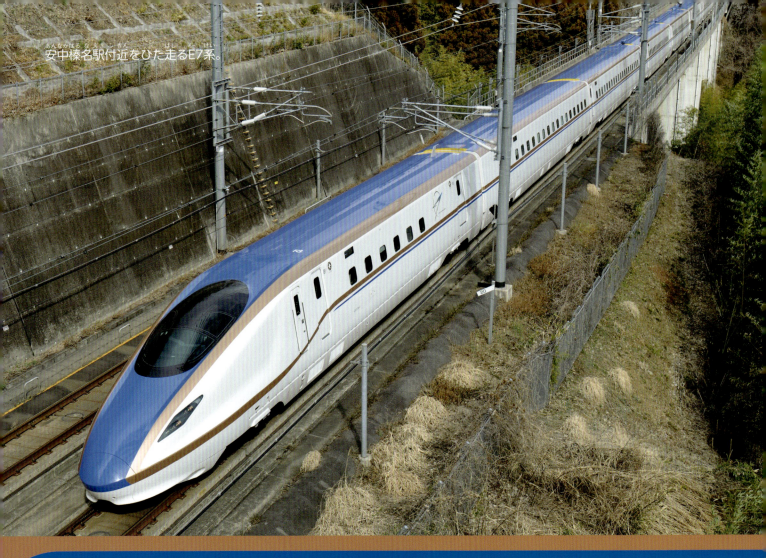

安中榛名駅付近をひた走るE7系。

北陸新幹線

1997年に東京〜長野間で開業、2015年に金沢まで、そして2024年に福井県の敦賀までのびました。山岳地帯と、電源の周波数がちがうエリアをとおる特ちょうがあります。

● 路線のデータ ●
- 開通した年………2024年（敦賀まで）
- 起点▶終点………高崎▶敦賀
- 駅の数……………19駅
- 路線の長さ………470.6km
- 営業最高速度……時速260km
- 使用する車両……E7系・W7系
- 列車の名前………かがやき・はくたか・つるぎ・あさま

※営業キロとは異なる。

▶（ ）は東京からの営業キロ。
●は停車、◎は停車と通過あり（毎日運転している列車を中心に表示。臨時や区間運転など、一部列車をのぞく）。東京〜高崎は東北・上越新幹線区間。

止まる駅は？

駅	かがやき	はくたか	つるぎ	あさま
東京(0.0)				
上野(3.6)				
大宮(30.3)				
熊谷(64.7)				
本庄早稲田(86.0)				
高崎(105.0)				
安中榛名(123.5)				
軽井沢(146.8)				
佐久平(164.4)				
上田(189.2)				
長野(222.4)				
飯山(252.3)				
上越妙高(281.9)				
糸魚川(318.9)				
黒部宇奈月温泉(358.1)				
富山(391.9)				
新高岡(410.8)				
金沢(450.5)				
小松(477.6)				
加賀温泉(492.1)				
芦原温泉(508.4)				
福井(526.4)				
越前たけふ(545.4)				
敦賀(575.6)				

東京都／埼玉県／群馬県／長野県／新潟県／富山県／石川県／福井県

活やくする車両
E7系・W7系

▲JR東日本とJR西日本が共同開発した車両です。雪が多く、急な坂のある山岳地帯を走り、50Hzと60Hzという周波数のちがうエリアをまたいで走る、特別な技術がつかわれています。また、長い下りを発電しながら走る省エネタイプの新幹線です。

ここに注目!

すごしやすさをもとめた客室のインテリア

E7系・W7系の車内は「和」をテーマにインテリアがまとめられ、いごこちのいいゆったりとした座席になっています。また、全席に電源がつき、列車の旅を便利にしています。

◀藍色を中心としたグリーン車のインテリア。すべての座席に読書灯つき。

▶普通車の座席。リクライニングにすると、座席がいっしょに動き、つかれにくい構造になっている。

▲E7系・W7系の12号車にもうけられているグランクラス。1車両18席でゆったりとした空間になっている。

◀新幹線ではじめて、普通車をふくめ、全席に電源コンセントがついた(○のところ)。

33

高崎〜上毛高原間。吾妻川橋梁をわたるE7系。

上越新幹線
じょうえつしんかんせん

日本列島を横断して太平洋側と日本海側をつなぐ新幹線です。群馬県と新潟県の境目にある高い山脈と、新潟平野の豪雪地帯をとおるため、車体と線路にいろいろなくふうがあります。

●路線のデータ●
- ●開通した年………1991年(全線)
- ●起点▶終点………大宮▶新潟
- ●駅の数……………10駅(ガーラ湯沢をのぞく)
- ●路線の長さ………269.5km※
- ●営業最高速度……時速275km
- ●使用する車両……E7系
- ●列車の名前………とき・たにがわ

※営業キロとは異なる。

▶( )は東京からの営業キロ。
●は停車、◎は停車と通過あり(毎日運転している列車を中心に表示。臨時や区間運転など、一部列車をのぞく)。東京〜大宮は東北新幹線区間。またガーラ湯沢は冬季のみの臨時停車駅。

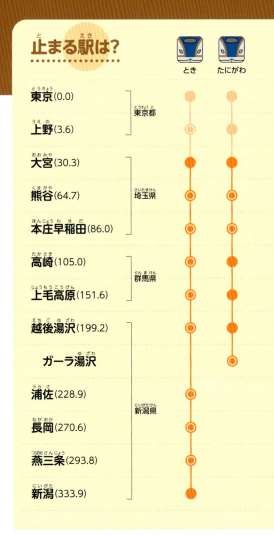

止まる駅は?　とき／たにがわ

駅	都県
東京(0.0)	東京都
上野(3.6)	東京都
大宮(30.3)	埼玉県
熊谷(64.7)	埼玉県
本庄早稲田(86.0)	埼玉県
高崎(105.0)	群馬県
上毛高原(151.6)	群馬県
越後湯沢(199.2)	新潟県
ガーラ湯沢	新潟県
浦佐(228.9)	新潟県
長岡(270.6)	新潟県
燕三条(293.8)	新潟県
新潟(333.9)	新潟県

活やくする車両 E7系

▲北陸新幹線と同じE7系がつかわれています。上り下りの区間が多いため、特別なブレーキ性能をもっています。また豪雪に対応するため、先頭車の下部に雪をはねのけるスノープラウがついているほか、ヒーターがついたふさぎ板で、車体下に雪がつくのをふせぎます。

ここに注目！ 上越新幹線の雪対策のくふうとは？

世界有数の豪雪地帯を走る上越新幹線には、車体のほかに、線路のつくり方にもいろいろなくふうがあります。

▲線路にそなわっているスプリンクラーが作動して線路上の雪をとかす。そのため、雪の季節にもE7系の高速走行が可能になる。

▲豪雪地帯にある越後湯沢駅。ガーラ湯沢への起点にもなっていて、冬はスキー客でにぎわう。

▲山岳地帯では、雪崩などの雪害がおきやすいトンネルの前後にスノーシェルターをもうけている。平野部では雪がつもりにくい高架橋や、スプリンクラーで除雪された線路を走る。

リニア中央新幹線

超電導リニアの技術をつかって車体をわずかに線路から浮上させ、超高速走行を可能にした新しい鉄道です。専用の軌道を走るため、新幹線のひとつに数えられます。現在は山梨県で実験走行が行われ、完成すると東京の品川と名古屋を最速40分でむすぶ予定です。

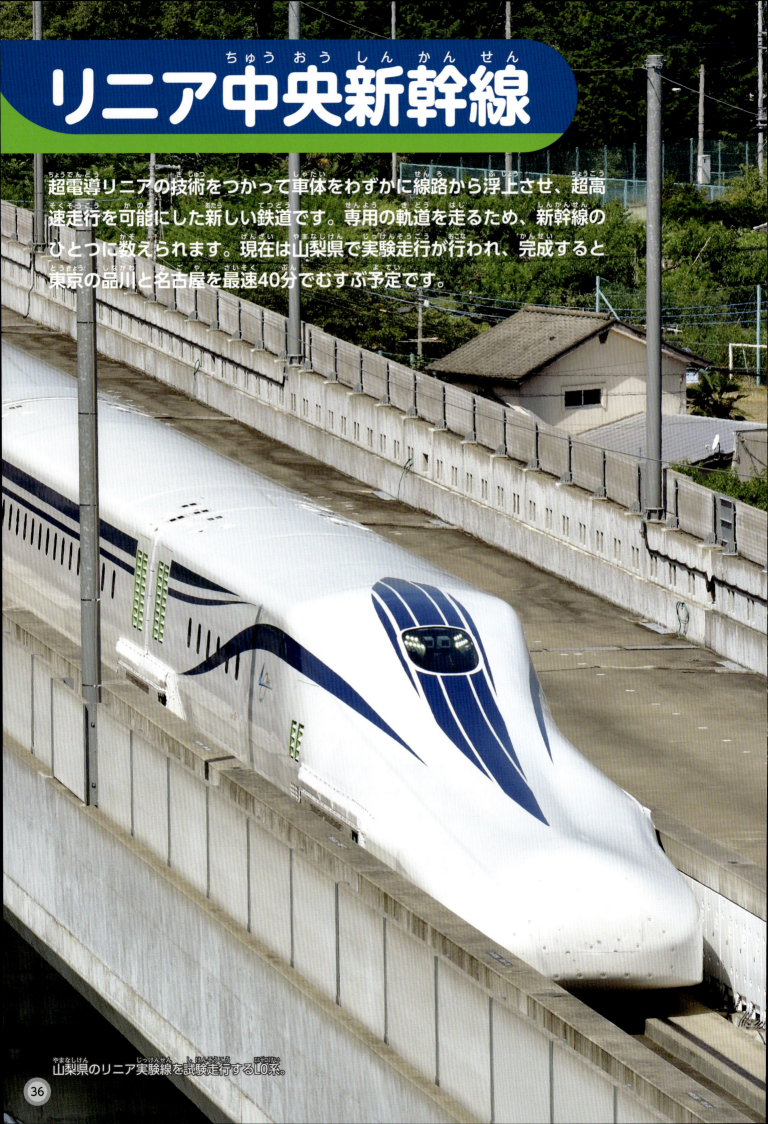

山梨県のリニア実験線を試験走行するL0系。

▲L0系のエンブレム。

使用予定の車両
L0系

▲リニア中央新幹線の走行試験でつかわれている最新の車両です。「L」はリニア、「0」は第一世代を意味します。時速500kmをこえると車体を軌条から浮上させて超高速走行にうつります。2003年に鉄道での世界記録となる時速603kmを記録しました。

◀L0系の車内。乗りごこちはジェット機に近い。

▶車内のモニターに表示される走行速度。500kmをこえるときに車体が浮き上がる感覚を味わうことができる。

ここに注目！ リニアってなに？

「リニア」とは超電導磁石の作用で走行する技術のこと。モーターのように回転させるのではなく、磁石が引きあう力と反発しあう力を直線方向につかい、前にすすんだり、車体を浮き上がらせたりする力にかえます。

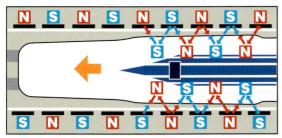

N→←S
S極とN極が引きあっている状態

N←→N
S←→S
おなじ極どうしが反発しあっている状態

▲車両の超電導磁石と壁にある磁石がたがいちがいに引きあい、反発しあって前にすすむ力をえる。

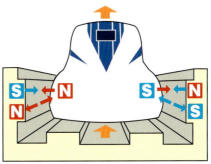

◀車両の超電導磁石と壁にある磁石がたがいちがいに引きあい（上）、反発しあって（下）車体が浮き上がる力をえる。

試験車両と検査車両

未来の新幹線の技術を研究するための試験車両と、走行しながら路線の安全を確認する検査車両。どちらも新幹線が安全に運行されるために欠かせない車両です。

高速試験車両
E956形 ALFA-X

▶北海道新幹線の札幌開業のときの走行時間を短くするために、時速360kmの高速走行をためす車両です。10両編成で1号車と10号車のノーズの形をかえ、トンネルに入るときの圧力や騒音などをおもに調べます。

◀青森方面に向かうときに先頭となる10号車。こちらのノーズはおよそ22m。

▲東京方面に向かうときに先頭となる1号車。ノーズはおよそ16m。

東北新幹線の郡山〜新白河間をひた走るALFA-X。

電気・軌道総合検測車両
EAST-i

▶走りながら架線や線路のぐあいを調べるためのJR東日本の車両です。275kmの高速走行と、山形・秋田のミニ新幹線の両方に対応します。10日に一度くらいの割合で、東北・上越・北陸新幹線区間を走っています。

電気・軌道総合試験車両
ドクターイエロー

▶東海道・山陽新幹線区間で、走行しながら架線や線路などに異常がないか検査する車両です。走行日が前もって知らされないため、見かけるとしあわせになれるといわれています。東海道新幹線では2025年1月に、山陽新幹線では2027年に引退することが決まっています。

0系

◀1964年の東海道新幹線開業のときに登場した車両で、世界ではじめて時速200kmで走りました。先頭車のカバーの形から、「だんご鼻」とよばれて親しまれました。

あつまれ！歴代のスターたち

時代とともに大きな進化をとげてきた新幹線の車両。開業のときにデビューした0系からオール2階だてのE4系まで、歴史上にかがやく車両たちを見てみましょう。

100系

▶0系につづいて東海道・山陽新幹線に登場しました。2階だての車両と、展望のよい食堂車が大人気で、カフェテリアのある車両もありました。

700系

▼東海道・山陽新幹線を最高時速285kmで走行。カモノハシのような顔が特ちょうでした。

300系

▲東海道・山陽新幹線のぞみ用として開発されました。ロボットのような顔が特ちょうでした。

200系

▲東北・上越新幹線の開業のときに登場。雪への対策がされた車体です。

400系

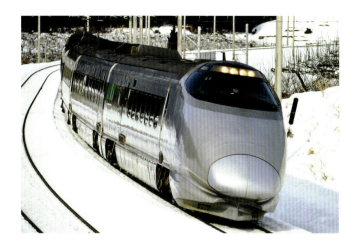

▼山形新幹線つばさ用に開発された、はじめてのミニ新幹線車両です。

E1系

◀東北・上越新幹線の通勤客の増加に対応するために開発されたオール2階だての車両で、「Max」の愛称でよばれていました。写真は12両編成の上越新幹線「Maxとき」です。

E3系

▼秋田新幹線こまち用に開発されたミニ新幹線です。後に山形新幹線にも1000番台・2000番台がつかわれ、現在もつばさ用に塗装されて活やく中です。

E4系

▲「Max」の愛称で親しまれた上越新幹線のオール2階だて車両です。16両編成時には定員が1634人となり、高速鉄道で世界一でした。

新幹線ミニ知識

ここまで新幹線の路線や車両についていろいろ見てきました。ここでは、あまり知られていない新幹線の意外な一面などのミニ知識を紹介します。

● ドクターイエローはなぜ引退するの?

とても人気のあったドクターイエローは、東海道新幹線につづき、2027年に山陽新幹線からも完全に引退することになっています。ドクターイエローは700系をベースにしてつくられているため、現在の高速運転に合わなくなってきたこと、そしてN700Sに検測機能がつき、営業運転しながら検測ができるようになったことなどがその理由です。

▲運行の本数が少ないため、「会えるとしあわせになれる」という伝説まで生まれたドクターイエロー。

▼岩手県南部、一関〜水沢江刺間の第一北上川橋梁。

● いちばん長いトンネルと鉄橋はどこにある?

新幹線の路線の中で、もっとも長いトンネルは北海道新幹線の青函トンネル(53.85km)。陸上のトンネルでは青森県の八甲田トンネル(26.455km)です。ではもっとも長い鉄橋は? 実はこれも同じ東北新幹線で、岩手県南部にある第一北上川橋梁(3.868km)です。

● 「ネコ耳」の新幹線があった?

JR東日本が、時速360km走行に必要なデータをあつめるために、2005年に開発した高速走行試験車両がE964形です。愛称を「ファステック360S」というこの車両は、「空力ブレーキ」がひとつの研究テーマで、減速のときにネコの耳のような形の板が出てくるのが特ちょうのひとつでした。

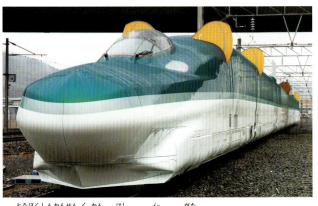
▲東北新幹線区間を走ったE964形のうち、「アローライン」とよばれた東京方面への先頭車。

新幹線の駅がいちばん多い県はどこ？

ミニ新幹線をふくめないフル規格の新幹線では、いちばん数が多いのが岩手県と新潟県です。岩手県では東北新幹線の一ノ関・水沢江刺・北上・新花巻・盛岡・いわて沼宮内・二戸、新潟県では上越新幹線の越後湯沢・浦佐・長岡・燕三条・新潟と、北陸新幹線の上越妙高・糸魚川の、どちらも7駅が最多です。

※臨時停車駅のガーラ湯沢はふくみません。

▼山陽新幹線500系（左）と、先頭の形のヒントになったというカワセミ。

鳥の形にヒントをえた車両は？

ロングノーズ（→15ページ）の500系先頭車の形は、長くてするどいくちばしを持つカワセミが、魚をつかまえるために水中にとびこむさまをヒントにして開発されたといいます。この形をしていることで、トンネルに入るときの騒音を大きくへらすことができました。

海外でも人気！だんご鼻の0系新幹線

かわいらしいだんご鼻で人気の新幹線0系は、実は海外でも見ることができます。
鉄道が生まれた国イギリスの国立鉄道博物館では、世界の名車たちがたくさん見られることで有名ですが、その中に日本の0系新幹線も展示されています。これはJR西日本からおくられたものです。

▲車内に入ってむかしの走行中の映像を見ることもできて、イギリスの子どもたちにも大人気。

▲東海道・山陽新幹線N700Sの座席の例。海側からABCDEの順番になる。

普通席の座席のはばはみんな同じじゃない？

東海道・山陽新幹線の主力車両、N700Sは普通席の横の列が3席＋2席ですが、5つの座席のうち、ひとつだけはばがちがうことを知っていますか？
実は3席のまん中のB席だけがほかよりもややはばが広くなっています。座席のはばでおよそ3cm、背もたれのはばはおよそ9cmも広いつくりです。

43

新幹線が踏切をわたるシーンが見られる?

在来線の線路を走る山形・秋田新幹線では、踏切を走行する新幹線の風景はおなじみですが、フル規格の車両が踏切をわたる場所もあります。

静岡県浜松市のJR東海車両工場の引きこみ線では、N700Sなどが、遮断機がおりた踏切を走行するシーンが日常的に見られます。

▲JR東海車両工場の引きこみ線。検査のために工場を出入りする車両が踏切を走行している（不定期）。

0系新幹線そっくりの車両が走っている?

四国のJR予土線には「鉄道ホビートレイン」とよばれる車両が走っています。1両編成で走るこの車両は、「だんご鼻」と親しまれた初代新幹線0系にそっくり。車内には、実際に0系でつかわれていた座席もあります。

これは「新幹線の生みの親」とよばれる十河国鉄総裁が愛媛県出身だった縁によるものです。

▲上下線で1日3便が運行されている鉄道ホビートレイン。0系のように青いスカートをつけて走る。

新幹線定期券で在来線に乗れる?

新幹線の定期券は、同じ駅をむすぶ在来線の区間でも有効になります。たとえば、東海道新幹線の東京～小田原間の新幹線定期券をもっている場合、新幹線とはちがうところを通る東海道線の東京～小田原間でもつかうことができます。新横浜駅ではもちろん、東海道線の横浜駅で途中下車することも可能です。

▲新幹線定期券をつかう通勤客の多い東海道新幹線の品川駅。

E5系はやぶさそっくりのバスとは?

岩手県盛岡市では、新幹線のようなデザインのバスが走っています。写真（右）の「はやぶさ号」は東北新幹線E5系にそっくり。ナンバープレートも「8823」です。秋田新幹線E3系と同じデザインの「こまち号」といっしょにたてにならぶと、まるで連結運転そっくりに見えます。

▲たてにならんだ「はやぶさ号」と「こまち号」。

画像提供／ジェイアールバス東北

250円で乗れる新幹線とは？

上越新幹線の越後湯沢駅と、冬のみ営業するガーラ湯沢駅の間は、法律の上では在来線としてあつかわれます。このため、新幹線が乗り入れる区間であっても新幹線の料金がかからず、乗車運賃の150円と在来線の特定特急券（100円）のみで、合わせて250円で乗ることができるのです。（2024年12月現在）

▲真冬にはホームが雪におおわれるガーラ湯沢駅。冬以外は時刻表にのることがない。

▼ハンマーをつかった打ち出し板金加工のようす。

新幹線の顔は人の手でつくられる？

時速320kmで走るロングノーズの東北新幹線E5系。その先頭車のながれるような形の顔の部分は、機械ではなく、実は人の手によってつくられています。

山口県下松市の町工場では、職人の人たちがいくつもの鉄板のパーツをハンマーで何度も何度もたたいて形をととのえています。これを「打ち出し板金加工」といい、鉄板のあつみやカーブの調節もすべて手の感覚がたよりです。

次にそれを新幹線の先頭車の骨組みの上に一枚一枚はり合わせ、溶接していきます。新幹線の高速走行をささえる先頭車は、こうして町工場の手作業によって原型がつくられるのです。

この工場では、初代新幹線０系の時代から先頭車を生み出してきたほか、今活やくしているE6系やE7系などの顔も手がけています。

▲打ち出した鉄板を溶接しているところ。

◀E5系先頭車のながれるような形。

画像提供／山下工業所

E5系やH5系が、260km以上出せない区間がある？

東北新幹線E5系と北海道新幹線H5系は、どちらも最高時速320kmの高速車両ですが、盛岡〜新青森・新青森〜新函館北斗では最高時速260kmで走行します。これは、1973年に、当時の新幹線の計画路線のうち、この区間を「整備新幹線」と政府がさだめ、このときに最高時速を260kmとした法律がまだ生きているからです。

▲盛岡〜いわて沼宮内間を走る北海道新幹線H5系。

電車の図鑑❶ 新幹線
さくいん

あ
秋田新幹線	5・7・27・28-29
あさま	32
ALFA-X	15・38
アローライン	26・42

い
E1系	41
E956形	38
E964形	42
E5系	15・21・22・44・45
E3系	25・27・41
EAST-i	39
E7系	15・33・35
E2系	21
E8系	25・26・27
E4系	41
E6系	15・29
イギリス国立鉄道博物館	43

う
打ち出し板金加工	45
運転席	10・22

え
H5系	15・31・45
エヴァンゲリオン新幹線	14
越後湯沢駅	35
N700A	5・9・15
N700S	5・9・10・19・43・44
N700系	13・27
L0系	36-37

か
ガーラ湯沢(駅)	34・35・45
かがやき	32
かもめ	18
カワセミ	43

き
軌間	5
九州新幹線	6・16-17

く
空気ばね	5・23
空力ブレーキ	42
グランクラス	23・33
車いすスペース	11

け
検査車両	38

こ
高速試験車両	38
こだま	8・12-14
500系	14・15・43
こまち	27・28-29・41・44

さ
在来線	4-5・27・44・45
さくら	12-13・16
座席	11・23・26
300系	40
山陽新幹線	6・12-14

し
JR東海車両工場	44
試験車両	38-39
車体傾斜装置	23
上越新幹線	7・34-35
新幹線定期券	44
シンクロナイズド・コンフォートシート	11
新函館北斗(駅)	30-31
新800系	17

す
スノーシェルター	35
スノープラウ	26・35
スプリンクラー	35

せ
青函トンネル	30-31

整備新幹線 45
0系新幹線 .... 40・43・44
先頭(先頭車) .... 11・15・26・45

た

第一北上川橋梁 42
多機能トイレ 11
たにがわ 34
W7系 .... 15・33
多目的室 11

つ

つばさ .... 24-25・27・41
つばめ 16
つるぎ 32

て

鉄道ホビートレイン 44
電気・軌道総合検測車両 39
電気・軌道総合試験車両 39

と

東海道新幹線 .... 5・7・8-9
東北新幹線 .... 4・7・20-21・31・45
とき 34
ドクターイエロー .... 39・42

な

なすの 20
700系 40
700系レールスター 13

に

西九州新幹線 .... 6・18-19
200系 41

の

ノーズ .... 15・38
のぞみ .... 8・12・14・40

は

はくたか 32
八甲田トンネル 42
800系 17

はやて .... 20・30
はやぶさ .... 20・30・44
ハローキティ新幹線 14
パンタグラフ .... 10・22

ひ

ひかり .... 8・12
100系 40

ふ

ファステック360S 42
フル規格新幹線 27

ほ

北陸新幹線 .... 6・32-33
北海道新幹線 .... 7・30-31・45

ま

Max(とき) 41

み

みずほ .... 12-13・16
ミニ新幹線 .... 25・27・28-29

や

山形新幹線 .... 7・24-25・27
やまびこ 20

よ

400系 41

り

リニア 37
リニア中央新幹線 36-37
リレーかもめ 19

れ

連結 29
連結部 .... 10・22

ろ

ロングノーズ .... 15・43

47

● 監修
坂 正博 さか まさひろ
1949年兵庫県生まれ。東京都在住。『ジェー・アール・アール』の編集を担当し、日本全国の鉄道をくまなく自身の足で取材。著書に『JR気動車客車編成表』『列車編成席番表』『普通列車編成両数表』など多数。

● 写真
松本正敏 まつもと まさとし
1962年京都府生まれ。東京都在住。レイルウェイズグラフィックから1997年に独立。機関車を中心に、全国の「鉄道のある風景」を撮り歩くほか、鉄道模型の写真を雑誌に発表中。日本写真家協会(JPS)、日本鉄道写真作家協会(JRPS)会員。

● 構成・文
鎌田達也(グループ・コロンブス)

● 装丁・デザイン
村﨑和寿(murasaki design)

● 図版
Studio K

● 校正
滄流社

● 写真提供・協力
坂 正博・JR各社・ジェイアールバス東北株式会社
株式会社山下工業所・株式会社エリエイ・PIXTA

※この本のデータは、2024年10月現在のものです。車両や運行状況などは変わる場合もありますので、ご了承ください。

NDC680
坂正博
電車の図鑑1
新幹線
あかね書房　2025年　47p　31cm×22cm

電車の図鑑❶
新幹線

2025年4月6日　初版発行

監修	坂 正博
発行者	岡本光晴
発行所	株式会社あかね書房
	〒101-0065
	東京都千代田区西神田 3-2-1
	電話 03-3263-0641(営業)
	03-3263-0644(編集)
	https://www.akaneshobo.co.jp
印刷	吉原印刷株式会社
製本	株式会社難波製本

ISBN978-4-251-09743-9

©Group Columbus 2025 Printed in Japan
落丁本・乱丁本はおとりかえします。

この列車わかる?

列車が大集合! 写真はどの路線、または何という列車かわかりますか?

(下にしめした巻とページを見て、こたえ合わせをしましょう)

▶2巻21ページ

▶1巻33ページ

▶3巻8ページ

▶2巻32ページ

▶1巻39ページ

▶2巻41ページ

▶1巻21ページ

▶3巻12ページ

▶3巻17ページ

▶1巻25ページ

▶3巻9ページ

▶3巻16ページ

▶2巻43ページ

▶1巻20ページ

▶1巻39ページ

▶2巻9ページ

▶3巻10ページ

▶2巻25ページ

▶2巻40ページ

▶3巻26ページ

▶1巻9ページ

▶2巻29ページ

▶3巻40ページ